GOSCINNY ET UDERZO
PRÉSENTENT
UNE AVENTURE D'ASTÉRIX

ASTÉRIX
ET LATRAVIATA

Texte et dessins d'**Albert UDERZO**

Encrage : Frédéric Mébarki
Lettrage : Michel Janvier
Mise en couleur : Thierry Mébarki
Coordination : Studio "Et Cetera"

LES ÉDITIONS ALBERT RENÉ
26, AVENUE VICTOR HUGO 75116 PARIS.
www.asterix.tm.fr

à Hugo mon petit-fils

© 2001 LES ÉDITIONS ALBERT RENÉ / GOSCINNY-UDERZO
Dépôt légal : Mars 2001 n° 143-7-02
ISBN 2-86497-143-7

Imprimé et relié en Belgique par CASTERMAN IMPRIMERIE S.A., Tournai

Loi n° 49956 du 16 juillet 1949 sur les publications destinées à la jeunesse

VILLAGE GAVLOIS

PETIBONVM

LAVDANVM

AQVARIVM

BABAORVM

ARMORIQVE

BELGIQVE

LVTECE

SPQR

GAVLE
(CONQVETE ROMAINE)
50 avant J.C.

CELTIQVE

AQVITAINE

PROVINCE
ROMAINE

NOUS SOMMES EN 50 AVANT JÉSUS-CHRIST. TOUTE LA GAULE EST
OCCUPÉE PAR LES ROMAINS... TOUTE ? NON ! UN VILLAGE PEUPLÉ
D'IRRÉDUCTIBLES GAULOIS RÉSISTE ENCORE ET TOUJOURS À L'ENVAHISSEUR.
ET LA VIE N'EST PAS FACILE POUR LES GARNISONS DE LÉGIONNAIRES
ROMAINS DES CAMPS RETRANCHÉS DE BABAORUM, AQUARIUM,
LAUDANUM ET PETIBONUM...

ASTÉRIX, LE HÉROS DE CES AVENTURES. PETIT GUERRIER À L'ESPRIT MALIN, À L'INTELLIGENCE VIVE, TOUTES LES MISSIONS PÉRILLEUSES LUI SONT CONFIÉES SANS HÉSITATION. ASTÉRIX TIRE SA FORCE SURHUMAINE DE LA POTION MAGIQUE DU DRUIDE PANORAMIX...

OBÉLIX EST L'INSÉPARABLE AMI D'ASTÉRIX. LIVREUR DE MENHIRS DE SON ÉTAT, GRAND AMATEUR DE SANGLIERS ET DE BELLES BAGARRES. OBÉLIX EST PRÊT À TOUT ABANDONNER POUR SUIVRE ASTÉRIX DANS UNE NOUVELLE AVENTURE. IL EST ACCOMPAGNÉ PAR IDÉFIX, LE SEUL CHIEN ÉCOLOGISTE CONNU, QUI HURLE DE DÉSESPOIR QUAND ON ABAT UN ARBRE.

PANORAMIX, LE DRUIDE VÉNÉRABLE DU VILLAGE, CUEILLE LE GUI ET PRÉPARE DES POTIONS MAGIQUES. SA PLUS GRANDE RÉUSSITE EST LA POTION QUI DONNE UNE FORCE SURHUMAINE AU CONSOMMATEUR. MAIS PANORAMIX A D'AUTRES RECETTES EN RÉSERVE...

ASSURANCETOURIX, C'EST LE BARDE. LES OPINIONS SUR SON TALENT SONT PARTAGÉES : LUI, IL TROUVE QU'IL EST GÉNIAL, TOUS LES AUTRES PENSENT QU'IL EST INNOMMABLE. MAIS QUAND IL NE DIT RIEN, C'EST UN GAI COMPAGNON, FORT APPRÉCIÉ...

ABRARACOURCIX, ENFIN, EST LE CHEF DE LA TRIBU. MAJESTUEUX, COURAGEUX, OMBRAGEUX, LE VIEUX GUERRIER EST RESPECTÉ PAR SES HOMMES, CRAINT PAR SES ENNEMIS. ABRARACOURCIX NE CRAINT QU'UNE CHOSE : C'EST QUE LE CIEL LUI TOMBE SUR LA TÊTE, MAIS COMME IL LE DIT LUI-MÊME : "C'EST PAS DEMAIN LA VEILLE !"

JOYEUX ANNIVERSAIRES!

J'AVAIS OUBLIÉ QUE C'ÉTAIT NOTRE ANNIVERSAIRE AUJOURD'HUI!

CAR VOUS ÊTES NÉS TOUS LES DEUX LE MÊME JOUR, NE L'OUBLIONS PAS!

MOI, JE DEVAIS AVOIR QUELQUES MINUTES D'AVANCE CAR J'EN AI PROFITÉ DAVANTAGE!

HA! HA! HA! HA!

AFIN DE FÊTER L'ÉVÉNEMENT, NOUS AVONS UNE PETITE SURPRISE POUR VOUS!

MOI, JE CROIS DEVINER CE QUE C'EST... HÉ! HÉ! HÉ!

AH OUI? ET C'EST QUOI D'APRÈS TOI?

UNE LÉGION ROMAINE RIEN QUE POUR NOUS DEUX!

POC!

HMMFF!

EH BIEN! NON, OBÉLIX! C'EST MIEUX QUE CELA!...

HARRG!

MAMAN!

WOUAH!

TU ES VENUE DE CONDATE* SPÉCIALEMENT POUR MON ANNIVERSAIRE ?

OUI, PETIT SACRIPANT ! PUISQUE TU NE VIENS PAS À MOI, C'EST TA MÈRE QUI VIENT À TOI !

? ?

*RENNES

TU ES TOUJOURS AUSSI LÉGÈRE, MA PETITE MAMAN !

ET TOI, TU ES TOUJOURS AUSSI FORT, MON OBÉLICHOU !

AFIN DE FÊTER L'ÉVÉNEMENT, UN GRAND BANQUET A ÉTÉ DRESSÉ DANS LE VILLAGE.

LE VOYAGE A DÛ ÊTRE FATIGANT. COMMENT ÊTES-VOUS PARVENUES JUSQU'ICI ?

PAS VRAIMENT FATIGANT, MAIS PLUTÔT INCOMMODANT !

SROTCH !! SCRONTCH ! SCRIITCH !!

3A

OUI, NOUS AVONS PROFITÉ D'UN CHARIOT QUI VENAIT DE LUTÈCE POUR LIVRER DU POISSON À ORDRALFABÉTIX ! ALORS, BONJOUR L'ODEUR !...

HEUREUSEMENT, NOUS AURONS BIENTÔT LE TGV !

C'EST QUOI, LE TÉGÉVÉ ?

C'EST LE TRANSPORT GAULOIS VÉLOCE, OBÉLICHOUCHOU !

ET CE POING, TU VEUX SAVOIR S'IL EST VÉLOCE ?

POURQUOI MON PÈRE ET CELUI D'OBÉLIX NE VOUS ONT-ILS PAS ACCOMPAGNÉES ?

ILS NOUS REJOINDRONT PLUS TARD CAR LEUR COMMERCE DE SOUVENIRS D'ARMORIQUE BAT SON PLEIN EN CE MOMENT !

OUI, C'EST LA PLEINE SAISON TOURISTIQUE À CONDATE !

3B

JUSTEMENT, AFIN DE S'EXCUSER DE NE PAS POUVOIR ÊTRE AVEC NOUS, TON PÈRE M'A CHARGÉE DE T'OFFRIR CE GLAIVE!

!?

IL EST SPLENDIDE ET, À VOIR LES PIERRES PRÉCIEUSES SERTIES SUR SON FOURREAU, IL A DÛ APPARTENIR À UN RICHE OFFICIER ROMAIN!

C'EST UN ANCIEN LÉGIONNAIRE IVROGNE QUI NOUS L'A ÉCHANGÉ CONTRE UNE BARRIQUE DE CERVOISE!

TCHOUIP!

SCRONTCH! SCROTCH!

ET PAR LA MÊME OCCASION, IL NOUS A LAISSÉ CE CASQUE QUE TU RAJOUTERAS À TA COLLECTION, MON OBÉLICHOUPINOU!

!

PFFFFFFF!

SI CERTAINS VEULENT L'ESSAYER, JE SUIS PRÊT À LEUR ENFONCER CE CASQUE D'UN GRAND COUP DE POING SUR LA TÊTE!

4A

PENDANT CE TEMPS, À CONDATE...

LE CONTEMPORAIN

INVESTISSEZ DANS LA POTERIE GAULOISE, C'EST UNE VALEUR SÛRE ET PLEINE D'AVENIR!...

NOUS POUVONS VOUS PROPOSER DES MENHIRS TOUTES TAILLES, FAITS MAIN, SIGNÉS ET EN PUR GRANIT ARMORICAIN!...

OBÉLIX

APPROCHEZ, APPROCHEZ, BONNES GENS! QUI N'A PAS SON DOLMEN PRÊT À MONTER?

CASQUE N'AYANT JAMAIS SERVI

CASQUE AYANT PEU SERVI

4B

PLUS TARD...

LA JOURNÉE A ÉTÉ BONNE! NOUS AVONS BIEN FAIT DE RESTER ENCORE UN PEU, OBÉLODALIX!

TU AS RAISON, ASTRONOMIX! PLUS TARD, RIEN NE NOUS EMPÊCHERA DE REJOINDRE NOS PETITS POUR LEUR ANNIVERSAIRE!

IL EST TEMPS D'ALLER DÉGUSTER UNE BONNE CERVOISE DE DERRIÈRE LES FAGOTS!

ACCOMPAGNÉE DE SANGLIERS DODUS RÔTIS SUR CES MÊMES FAGOTS, BIEN SÛR!

ESPÈCE DE SAC À VIN! TU LES RECONNAIS? CE SONT EUX?

MAIS...HIC! PUISQUE J'VOUS DIS QUE...HIC! QUE CE SONT EUX! MA PAROLE...VOUS ÊTES SOÛLS! HEU! SOURDS...HIC! À LA FIN!...

RETOURNONS AU VILLAGE.

IL Y A UNE ÉTERNITÉ QUE LE MÉNAGE N'A PAS ÉTÉ FAIT DANS CETTE HUTTE! ENFIN, ASTÉRIX, MON PETIT, QUAND TE DÉCIDERAS-TU À CHOISIR UNE COMPAGNE?

HEU!...JE T'ASSURE M'MAN QUE...QUE JE N'EN VOIS PAS ENCORE LA NÉCESSITÉ!...

5A

TARATATA! ET PUIS JE TROUVE QUE TU AS UNE BIEN MAUVAISE MINE! TU GUERROIES TROP, MON FILS!

OBÉLICHOU! HOU! HOU! C'EST PRÊT! À TABLE!

J'ARRIVE! HMMM! MIAM MIAM!

JE TROUVE QUE TA NOURRITURE N'EST PAS ASSEZ DIVERSIFIÉE, AUSSI JE T'AI PRÉPARÉ UNE BONNE SOUPE DONT TU ME DIRAS DES NOUVELLES, MON GARÇON!

?!

POUR MOI, ÇA, CE N'EST PAS DES BONNES NOUVELLES!...

ENFIN, OBÉLICHOU, QUAND TE DÉCIDERAS-TU À PRENDRE UNE GENTILLE ÉPOUSE QUI TE FERA UNE CUISINE SAINE ET ÉQUILIBRÉE?

KEUFF! KEUFF! KEUFF!

5B

9

LE SOIR, À CONDATE...

ON A EU RAISON DE VENIR S'INSTALLER À CONDATE POUR FAIRE DU COMMERCE, HEIN ! HIC !... OBÉLODALIX ?

OUAIS ! ET ON PEUT BOIRE AUTRE CHOSE QUE DU LAIT DE CHÈVRE, HI ! HI ! HI ! HIC !

REMARQUE, QUELQUE-FOIS, LE CHER VILLAGE DE NOTRE ENFANCE ME MANQUE UN PEU... HIC !

C'EST VRAI, HIC ! ET C'EST AUSSI LE VILLAGE DE NOTRE JEUNESSE...

...ET C'EST LÀ-BAS QUE SONT NOS CHERS PETITS ! HIC !

TAIS-TOI, OBÉLO ! RIEN QUE D'Y PENSER, J'EN SUIS TOUT DÉMOLI ! HIC !

?!?!

PAR TOUTATIS !!! ON NOUS A CAMBRIOLÉS !

LE CONTE

TOUT EST SENS DESSUS DESSOUS MAIS IL SEMBLE QU'IL NE MANQUE RIEN !

C'EST ÉTRANGE ! PEUT-ÊTRE CHERCHAIT-ON QUELQUE CHOSE !

C'EST EXACT ! ET CE "QUELQUE CHOSE", NOUS NE L'AVONS PAS TROUVÉ !

?!

ALORS, VOUS ALLEZ NOUS SUIVRE CHEZ BONUSMALLUS, LE PRÉFET !

TOI, MON P'TIT BONHOMME, TU AS DE LA CHANCE QUE NOUS SOYONS DEVENUS DE VIEUX DÉCATIS !...

MAIS GARE À VOUS QUAND NOS FILS APPRENDRONT ÇA !

VOUS AVEZ DÉJÀ REÇU UN MENHIR SUR LA TÊTE, VOUS ?

AVE, PRÉFET BONUSMALUS ! VOICI LES PRÉSUMÉS QUI ONT FAIT LE TROC AVEC LE PRÉVENU !

TU LES RECONNAIS, ROMÉOMONTAIGUS ?

ÇA, POUR SÛR ! HIC !

HIC !...

GRATT ! GRATT ! GRATT !

TOI QUI AS SERVI DANS LA LÉGION* N'AS-TU PAS HONTE D'AVOIR ABUSÉ DE LA CONFIANCE DE TON MAÎTRE ?

BEN OUI... MAIS... MAIS HIC !... J'AVAIS SOIF !...

*VOIR "LE CADEAU DE CÉSAR"

METTEZ-MOI CETTE OUTRE À VINASSE AU FRAIS DANS UNE CAVE PROFONDE ! ÇA LA BONIFIERA PEUT-ÊTRE !

CET IVROGNE S'EST RENDU COUPABLE DU VOL D'UN GLAIVE ET D'UN CASQUE APPARTENANT À UN TRÈS HAUT DIGNITAIRE DE ROME ! POUVEZ-VOUS ME DIRE OÙ SONT CES ARMES ?

7A

MAIS BIEN ENTENDU...

... CHEZ NOS FILS, ASTÉRIX ET OBÉLIX !!!

ET VOUS VERREZ QUAND ILS VIENDRONT ICI !!!

C'EST UNE MANIE CHEZ EUX, ILS PARLENT DE LEURS FILS COMME S'ILS ATTENDAIENT LE MESSIE !

AÏE ! AÏE ! JE NE M'ATTENDAIS PAS À CE QUE LE GLAIVE ET LE CASQUE TOMBENT ENTRE LES MAINS DE CES DEUX IRASCIBLES GAULOIS !!!

OR, CHEZ LES IRASCIBLES GAULOIS, LES JOURS S'ÉCOULENT PAISIBLEMENT... BIEN QUE PARFOIS...

ARRÊTE DE GESTICULER, ASTÉRIX, SINON JE NE PARVIENDRAI JAMAIS À TE LAVER LES CHEVEUX !

MAIS M'MAN ! J'AI DU SAVON PLEIN LES YEUX !

7B

NON MAIS, SANS BLAGUE !!!

!

TOI AUSSI ?

HA!HA!HA! HI!HI!HI!

HOU!HOU!HOU!

?

OUF! ÇA FAIT DU BIEN DE RIRE UN PEU !

C'EST VRAI ! MAIS JE NE TE CACHE PAS QUE J'AIMERAIS QUE NOS PÈRES NOUS REVIENNENT BIENTÔT !

9A

MAIS À CONDATE, DANS LA PRISON DE LA PRÉFECTURE...

À QUI APPARTENAIENT LE GLAIVE ET LE CASQUE, ROMÉOMONTAIGUS ?

À POMPÉE, LE CONSUL CHASSÉ DU SÉNAT DE ROME PAR JULES CÉSAR !.... J'AI ENCORE UNE DE CES SOIFS, MOI !...

ET QUE FAIT-IL EN GAULE ?

JE CROIS SAVOIR QU'IL TENTE DE LEVER UNE ARMÉE CONTRE CÉSAR, SON GRAND ENNEMI !.... MAIS QU'EST-CE QUE J'AI SOIF, MOI !...

ET ALORS, QU'ATTENDS-TU POUR RÉCUPÉRER CE MAUDIT CASQUE ET CE MAUDIT GLAIVE, BONUSMALUS ?

IMPOSSIBLE D'APPROCHER CE VILLAGE D'IRRÉDUCTIBLES, Ô GRAND POMPÉE, CAR IL EST CERNÉ PAR LES GARNISONS DE CÉSAR !

TU AS RAISON ! SI CÉSAR AVAIT LA PREUVE DE MA VENUE EN GAULE, NOTRE PROJET SERAIT ANÉANTI !

NOUS DEVRONS AGIR PAR LA RUSE ET DANS LA PLUS GRANDE DISCRÉTION ! AUSSI JE CROIS AVOIR LA SOLUTION, NOBLE POMPÉE !

9B

PLUS TARD, AU VILLAGE...

VOILÀ! AVEC GÉLATINE, NOUS AVONS DÉCIDÉ D'ORGANISER UNE VRAIE FÊTE POUR VOTRE ANNIVERSAIRE!

MAIS...

...MAIS NOUS AVONS DÉJÀ RÉUNI TOUT LE VILLAGE AUTOUR D'UN BANQUET!

C'ÉTAIT SURTOUT UNE BONNE EXCUSE POUR RIPAILLER, COMME D'HABITUDE!

MOI, J'AIME BIEN ÇA, MÊME QUAND C'EST PAS MON ANNIVERSAIRE!

CETTE FOIS-CI, NOUS ALLONS FAIRE VENIR TOUS LES BARDES DES VILLAGES ENVIRONNANTS AFIN DE FAIRE DANSER TOUS LES JEUNES GENS DE NOTRE VILLAGE!

DONT VOUS FAITES PARTIE, BIEN ENTENDU!

EN ATTENDANT, RENDEZ-VOUS UTILES...

...ET ALLEZ CUEILLIR DES FLEURS POUR DÉCORER LE VILLAGE!

TOUT DE MÊME, MOI, J'AIME BIEN FÊTER MES ANNIVERSAIRES AVEC UN BANQUET!

OUAIS! BEN J'EN CONNAIS DEUX QUI NE DOIVENT PAS S'EN PRIVER EUX DE BANQUETS!!!

POISSONS ORDRALFA

PAR BÉLÉNOS! ENFIN, QU'ATTENDENT NOS FISTONS POUR VENIR NOUS DÉLIVRER?!

ENCORE FAUDRAIT-IL QU'ILS SACHENT OÙ NOUS SOMMES!

ALORS, BONUSMALUS, CETTE SOLUTION, C'EST QUOI?

?

C'EST ÇA!!

14

SOUVIENS-TOI, LATRAVIATA. JE T'AI TROUVÉE ERRANT SUR MA ROUTE! TU ES AMNÉSIQUE ET SEUL LE NOM D'OBÉLIX TE REVIENT EN MÉMOIRE!

SOIS SANS CRAINTE, CARTAPUS! C'EST UN RÔLE FACILE POUR LA TRAGÉDIENNE QUE JE SUIS!

HALTE-LÀ! QUI ES-TU ET OÙ VAS-TU, ROMAIN?

?!

CARTAPUS, POUR TE SERVIR, LÉGIONNAIRE! JE SUIS UN MARCHAND QUI VIENT FAIRE DU COMMERCE DANS LES VILLAGES GAULOIS!

ET CETTE JEUNE ET CHARMANTE GAULOISE?

ELLE M'A DEMANDÉ DE LA RAMENER DANS SON VILLAGE NATAL!

ET QUEL EST CE VILLAGE?

C'EST CELUI OÙ HABITE UN CERTAIN OBÉLIX.

13A

EUH! BON! ÇA VA, MAIS TU NE NOUS AS PAS VUS, MARCHAND!

?

!

JE ME DEMANDE SI J'AI BIEN FAIT D'ACCEPTER CETTE MISSION, MOI?!

TU AS L'AIR BIEN PRÉOCCUPÉ, CARTAPUS?!

J'ESPÈRE QU'ON TE RECONNAÎTRA LATRA... HEU! FALBALA!

C'EST MON TALENT QUE L'ON RECONNAÎTRA!...

13B

MAIS C'EST FALBALA ?! QUE FAIS-TU ICI ?

OUF!

LA PAUVRE A PERDU LA MÉMOIRE! ELLE NE SE SOUVIENT DE RIEN!

PAR TOUTATIS! JE VAIS PRÉVENIR NOTRE CHEF!

ÇA MARCHE! BRAVO! TU ES VRAIMENT UNE GRANDE COMÉDIENNE!

C'EST PAS ÇA! JE SUIS ÉPOUVANTÉE À L'IDÉE DE VIVRE DANS UN TROU PAREIL!

ALORS, C'EST LE NOM D'OBÉLIX QUI T'A CONDUIT À MENER FALBALA JUSQU'ICI ?

OUI! À CE NOM, TOUT LE MONDE M'A INDIQUÉ LE CHEMIN DE VOTRE VILLAGE!

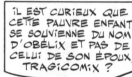

IL EST CURIEUX QUE CETTE PAUVRE ENFANT SE SOUVIENNE DU NOM D'OBÉLIX ET PAS DE CELUI DE SON ÉPOUX, TRAGICOMIX ?

VA CHERCHER OBÉLIX! PEUT-ÊTRE QUE SA PRÉSENCE RANIMERA SA MÉMOIRE DÉFAILLANTE!

OBÉLIX, VITE !! FALBALA! ELLE VEUT TE VOIR !!!

! ?

FA ... FABLALA ... FALABA ...

EH BIEN ? QU'ATTENDS-TU, NIGAUD ?

ASTÉRIX! ASTÉRIX! FALBALA EST ICI ET ELLE VEUT ME VOIR! SI! SI !!!

?!

OU OBÉLIX EST DEVENU FOU, OU IL SE PASSE DES CHOSES ANORMALES!

PAUVRE GARÇON! OBÉLIX A TOUJOURS EU LE COEUR PLUS GROS QUE LE VENTRE ET ÇA VA LUI JOUER DES TOURS, ÇA!

FALBALA A UNE PERTE DE MÉMOIRE ET, CURIEUSEMENT, ELLE SE SOUVIENT DE TON NOM, OBÉLIX !

-?!

OH! OBÉLIX !

YOUI !

GRRRRRR !

JE SUIS SI HEUREUSE DE TE REVOIR, OBÉLIX !

WKRSFTSSS !

POURQUOI ES-TU REVENUE AU VILLAGE, FALBALA, ET OÙ EST TRAGICOMIX ?

?

QUI EST CE PETIT HOMME QUI ME PARLE ?

BEN C'EST ASTÉRIX !... SI! SI! C'EST LUI !... ASTÉRIX !

?!

PFFF.

15A

IL FAUT L'EXCUSER, ASTÉRIX ! ELLE NE SE SOUVIENT QUE DE MOI !

AH! MAIS BIEN SÛR ! VIENS, ASTÉRIX, QUE JE TE SERRE DANS MES BRAS !

!

LÀ, TOUT DE MÊME, JE TROUVE QU'ELLE EN FAIT UN PEU TROP !

LA PAUVRE ENFANT A DÛ SUBIR UN CHOC BRUTAL. JE VAIS LA CONDUIRE CHEZ PLANTAQUATIX, SON PÈRE, AFIN QU'ELLE REPRENNE TOUS SES ESPRITS !

????? ?????

AFIN DE TE REMERCIER, ROMAIN, NOUS NE POUVONS MIEUX FAIRE QUE DE T'OFFRIR L'HOSPITALITÉ !

AVE, CHEF !

EUH !... MERCI CHEF !

?!

15B

J'AI L'IMPRESSION QUE NOUS FINIRONS NOS JOURS DANS CE TROU À RATS, OBÉLODALIX!

QUAND JE PENSE QUE TOUT LE MONDE EST PERSUADÉ QUE NOUS RIPAILLONS DANS UNE BARRIQUE DE CERVOISE!

HARR! TAIS-TOI! TU ME DONNES SOIF!

NE TE PLAINS PAS, SAC À VIN! DANS SA GRANDE MANSUÉTUDE, LE PRÉFET A DÉCIDÉ DE TE LIBÉRER DEMAIN!

!

OH! MERCI, MERCI! QUE BACCHUS ABREUVE ÉTERNELLEMENT LE MAGNANIME BONUSMALUS!

TU T'EN SORS BIEN, ROMÉOMONTAIGUS...

...MAIS TU DEVRAS SUBIR UNE PEINE DE CORVÉE D'EAU AFIN D'ALIMENTER LES RÉSERVES!

OH, NON! PITIÉ! PITIÉ! JE NE SUPPORTE PAS LE CONTACT DE L'EAU!!!

ÇA, ON LE SAVAIT!

16A

LES IGNOBLES! ILS VEULENT M'EMPOISONNER!

NOUS VOULONS TE PROPOSER QUELQUE CHOSE, ROMAIN!

NOUS IMAGINONS QU'ENTRE DEUX CORVÉES D'EAU, TU POURRAS SORTIR DE L'ENCEINTE DE LA PRÉFECTURE, N'EST-CE PAS?

ET POURQUOI, SIOUPLAIT?

CETTE BOURSE PLEINE DE SESTERCES EST À TOI SI TU PROMETS D'ALERTER DEUX AMIS, FALBALA ET TRAGICOMIX, QUI HABITENT DANS LA CITÉ!!!

OUI, OUI! FALBALA, TRAGICOMIX! C'EST PROMIS JURÉ!

IL SERAIT PEUT-ÊTRE URGENT D'ALLER FAIRE UNE ENQUÊTE À CONDATE CHEZ TRAGICOMIX!

J'IRAI AVEC OBÉLIX! NOUS EN PROFITERONS POUR SALUER NOS PÈRES!

ET SI JE CHANTAIS UNE ODE POÉTIQUE À FALBALA PEUT-ÊTRE QUE SUR L'AIR...

16B

20

IL PARAÎT QUE TU AS UNE BELLE COLLECTION DE CASQUES ROMAINS, OBÉLIX! JE PEUX LA VOIR?

C'EST FORMIDABLE, OBÉLIX!

BOF! HEU... TU... ...TU CROIKSSST?

PFFF!

C'EST CELUI-CI LE PLUS BEAU! JE SUIS CERTAINE QUE CARTAPUS LE MARCHAND SERAIT PRÊT À TE L'ACHETER!

IL N'EST PAS À VENDRE...

...C'EST UN CADEAU DE SON PÈRE!!!

OH! JE VOUS PRIE DE M'EXCUSER! JE DISAIS CELA POUR CARTAPUS, QUI A ÉTÉ TELLEMENT PRÉVENANT ENVERS MOI! C'EÛT ÉTÉ UNE BELLE FAÇON DE LE REMERCIER!

17A

TIENS! IL... IL EST À TOI MAINTEFCHRSSSS!

?!

OH! MERCI! TU ES UN AMOUR, OBÉLIX!

APRÈS TOUT, TU ES LIBRE DE DISPOSER DE TES CADEAUX COMME TU L'ENTENDS, OBÉLIX!

JE NE SAIS PAS CE QUE TU EN PENSES, PRALINE, MAIS JE N'AIME PAS CETTE FALBALA!

JE SUIS DE TON AVIS! ELLE A UN BIEN MAUVAIS GENRE DEPUIS QU'ELLE EST AMNÉSIQUE!

AH! JE TE CHERCHAIS, OBÉLIX! NOUS DEVONS ALLER À CONDATE AFIN DE RETROUVER TRAGICOMIX!

!

17B

OH! JE VOUS EN SUPPLIE, NE ME LAISSEZ PAS SEULE DANS CE VILLAGE !!!

MAIS TU NE RISQUES RIEN ICI !

ET NOUS DEVONS SAVOIR LES RAISONS QUI T'ONT AMENÉE ICI ET CE QU'IL EST PEUT-ÊTRE ADVENU DE TRAGICOMIX !

JE ME FICHE DE CE TRAGICOMIX !

?!

FALBALA A RAISON ! TRAGICOMIX A TOUJOURS LA MANIE DE SE FOURRER DANS DES TAS D'ENNUIS !*

JE T'EN PRIE, OBÉLIX, NE COMPLIQUE PAS LES CHOSES !

* VOIR "ASTÉRIX LÉGIONNAIRE"

C'EST TOI QUI COMPLIQUES TOUT, MÔSSIEU ASTÉRIX !!!

TU SAIS CE QU'IL TE DIT, MÔSSIEU ASTÉRIX ?

18A

ET QU'EST-CE QU'IL ME DIT, LE FRELUQUET ?

QUE TU N'ES QU'UN GROS IMBÉCILE !

JE NE SUIS PAS GROS !

PAF !

MAIS QU'EST-CE QUE J'AI FAIT, MOI ? J'AI OSÉ FRAPPER ASTÉRIX ! C'EST FOU, ÇA !!!

EXCUSE-MOI, ASTÉRIX ! JE NE PENSAIS PAS À CE QUE JE FAISAIS !!

TU AS FAIT DU MAL À MON AMI ASTÉRIX ! JE NE T'AIME PLUS, OBÉLIX !

18B

MAIS... ASTÉRIX! **TU AS BU?!**

VOUI!

AÏE! AÏE!

TU N'AS PAS HONTE DE TE METTRE DANS UN TEL ÉTAT? AH! SI TON PÈRE TE VOYAIT!!

JE TE REVERRAI PLUS TARD, ASTÉRIX!

VOUI!

PSSST! ALORS?

C'EST RATÉ CETTE FOIS-CI MAIS JE NE M'AVOUE PAS VAINCUE!

C'EST SÛREMENT CETTE MIJAURÉE QUI T'A INCITÉ À BOIRE!!

GLOUPVOUI!

MALGRÉ TOUS MES SOINS, IL N'ARRIVE PAS À REPRENDRE SES ESPRITS! JE VAIS DEMANDER À GÉLATINE DE M'AIDER!

20A

JE SUIS INQUIÈTE, GÉLATINE! ASTÉRIX EST REVENU AVEC FALBALA DANS UN ÉTAT BIZARRE!

LE MIEN AUSSI EST BIZARRE! IL NE VEUT PLUS MANGER SA SOUPE, MÊME ACCOMPAGNÉE DE SANGLIERS RÔTIS!

CETTE FALBALA CRÉE UN ESPRIT NÉFASTE DANS LA TÊTE DE NOS GARÇONS!

OUI! IL EST TEMPS DE CONSULTER PANORAMIX LE DRUIDE. AVEC SA SAGESSE, IL SAURA NOUS VENIR EN AIDE!

PSST! TU PEUX Y ALLER, LA VOIE EST LIBRE!

MAIS OÙ VAS-TU ENCORE, FALBALA?!

NE T'INQUIÈTE PAS, PLANTA... HEU! PÈRE!

PLUS JE REVOIS MA FILLE, MOINS JE LA RECONNAIS!

20B

24

EN CE QUI CONCERNE OBÉLIX, LE DIAGNOSTIC EST SIMPLE! IL EST AMOUREUX!

BLOP! BLOP!

!

POUR CE QUI EST D'ASTÉRIX, IL ME FAUDRAIT LE VOIR!... MA POTION EST PRÊTE, JE PEUX VOUS SUIVRE!

JE NE GARANTIS PAS LE SUCCÈS DE MA POTION MAIS ASTÉRIX, LUI, AU MOINS, EST HABITUÉ À EN BOIRE!

JE VAIS REJOINDRE MON OBÉLICHOU AFIN DE LE CONSOLER!

COUCOU! C'EST MOI, FALBALA! TU TE SOUVIENS DE LA PROMESSE QUE TU M'AS FAITE, ASTÉRIX?

VOUI!

21A

ALORS, OÙ EST-IL CE JOLI GLAIVE?

VOUI!

ALERTE! SA MÈRE ARRIVE!

LE GLAIVE, IMBÉCILE!

VOUI!

ALORS?

LA GROSSE BRUTE L'A RENDU COMPLÈTEMENT AMNÉSIQUE ET LÀ, CE N'EST PAS DE LA COMÉDIE!

QUE JE NE TE VOIE PLUS TOURNER AUTOUR D'ASTÉRIX OU GARE À TOI, FALBALA!!!

AU MOINS, RAPPELLE-TOI QUE TU AS UN ÉPOUX DU NOM DE TRAGICOMIX!

J'AIMERAIS QU'ON ME LÂCHE LES COTHURNES!

*SANDALES PORTÉES PAR LES TRAGÉDIENS À ROME.

LA VIE DES GRANDES CITÉS CHANGE VRAIMENT LE COMPORTEMENT DES GENS!

21B

25

C'EST SÛREMENT UN GRAND CHOC ÉMOTIONNEL QUI L'A MIS DANS CET ÉTAT !

VOUI !

ÉMOTIONNEL OU PAS, IL A VRAIMENT BESOIN QU'ON L'AIDE !

GLOUP ! VOUI ! GLOUP !

YAHOUUUU!

YOUPiiiii!

POC!

BRAVO! AH! ELLE EST BELLE VOTRE POTION! MAINTENANT, MON FILS SE PREND POUR UNE PUCE GÉANTE !!!

JE DOIS AVOUER QUE JE N'AVAIS PAS PRÉVU CES EFFETS SPÉCIAUX !

REVIENS ICI TOUT DE SUITE, ASTÉRIX !

?!

YOUPii!

?!?

POC!

?!?

?!

CÉTAUTOMATIX

DRALFABETI

MAIS ENFIN, FAITES QUELQUE CHOSE AU LIEU DE RESTER LÀ, LES BRAS CROISÉS!!!

ÉCOUTEZ, PRALINE! J'AI CRÉÉ UNE POTION QUI DONNE UNE FORCE SURHUMAINE, QUI PEUT TRANSFORMER UN ÊTRE EN GRANIT, QUI PEUT LE RAMENER À L'ENFANCE, MAIS JE NE SAIS PAS TOUT FAIRE, MOI, À LA FIN !

TU VOIS, IDÉFIX, SANS L'AMITIÉ D'ASTÉRIX, JE N'AI PLUS DE COEUR AU VENTRE !

BONG!

HUMFF!

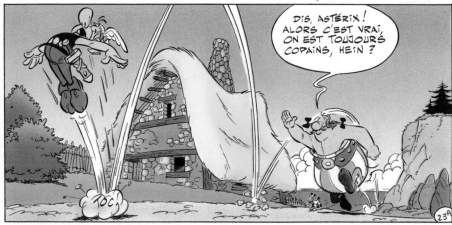

28

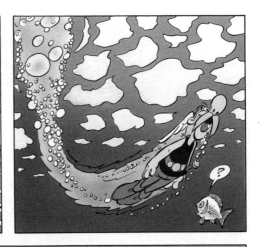

32

À CONDATE, OÙ LA NUIT EST TOMBÉE...

QU'ECHE QUE J'AI EU CHOIF, HIC!... DANS CHETTE PRIJON DU PRÉFET, HIC!...

FAUT DIRE QU'ILS J'ÉTAIENT PAS CONTENTS QUE JE FACHE HIC!... DU TROC AVEC LE GLAIVE ET LE HIC!... CACHQUE DE POMPÉE, HIC!... POIL AU NEZ! HI!HI!HI!...

IL EST TARD! TU DEVRAIS ALLER TE COUCHER, ROMÉOMONTAÏGUS!

POMPÉE AUCHI N'EST HIC!... PAS CONTENT! IL A PEUR QUE, HIC!... CHÉJAR DÉCOUVRE QU'IL EST EN GAULE, HIC!... POUR LEVER UNE ARMÉE, HIC!... CONTRE LUI! HIC!... HI!HI!HI!...

IL ME CHEMBLE QUE JE DEVAIS PRÉVENIR, HIC!... JE NE CHAIS QUI, HIC!... POUR JE NE CHAIS QUOI? HIC!...

RONNN! ZZZZZ!

UN PEU PLUS TARD, CHEZ LE LÉGAT COMMANDANT LA RÉGION...

QUOI?

LEGATORIA PROVINCIA

VITE! JE VEUX UN MESSAGER POUR CÉSAR, À ROME!

DÉCOUVRONS UNE FOIS ENCORE...

...LA MAGNIFIQUE ORGANISATION ROMAINE...

...MÊME SI PARFOIS...

SI JE TENAIS LE FILS DE 🐷☯🀄〰 QUI A VOLÉ MON CHEVAL...

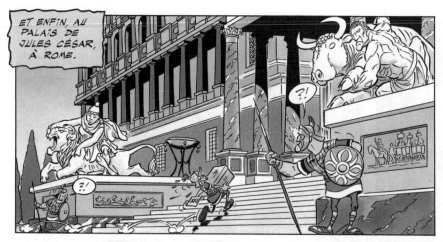

ET ENFIN, AU PALAIS DE JULES CÉSAR, À ROME.

?!

?!

HARRRRRG!
Hiiiiiiii!
HARRRRRG!
Hiiiiiiii!

UN MESSAGE URGENT POUR CÉSAR!

PAR JUPITER! POMPÉE !!! ENCORE LUI?

UN MESSAGE URGENT POUR LE LÉGAT DE CONDATE!

ET NOUS RETROUVONS EN ACTION LES MERVEILLEUX MESSAGERS, MAIS EN SENS INVERSE.

ILS VOULAIENT RETENIR SUR MA SOLDE LE PRIX D'UN NOUVEAU CHEVAL! BEN, ILS PEUVENT TOUJOURS COURIR!

ROMA

LE DERNIER COURSIER LIVRE ENFIN LE MESSAGE DE CÉSAR AU LÉGAT DE CONDATE.

HARRRRRG!
Hiiiiiiiiii!
HARRRRRG!
Hiiiiiiiiii!

POM!
POM!
POM!
POM

MESSIEURS! MAINTENANT, VOUS N'IGNOREZ PLUS QUE POMPÉE EST ICI, EN GAULE, AFIN DE LEVER UNE ARMÉE CONTRE CÉSAR. CELUI-CI NOUS ORDONNE D'ENQUÊTER DANS TOUTES LES GARNISONS ET DE DÉCOUVRIR LES TRAÎTRES! ALORS, EXÉCUTION!

CEPENDANT, ET TOUJOURS À CONDATE...

JE VAIS ALLER SALUER LES PARENTS D'ASTÉRIX ET D'OBÉLIX, DONT JE N'AI PLUS DE NOUVELLES DEPUIS LONGTEMPS!

CAR CETTE FALBALA-LÀ, C'EST LA VRAIE!

?!

LE CONTEN

LES GARDES DU PRÉFET ONT EMMENÉ ASTRONOMIX ET OBÉLODALIX ! ON NE LES A PLUS JAMAIS REVUS !

?!

TRAGICOMIX !! LES PÈRES D'ASTÉRIX ET D'OBÉLIX SONT EN DANGER !

ALLONS VITE AU VILLAGE PRÉVENIR ASTÉRIX ET OBÉLIX !

CLAC !

ET JUSTEMENT AU VILLAGE...

J'AI PU ENFIN DÉROBER LE GLAIVE PENDANT L'ABSENCE D'ASTÉRIX ET DE SA MÈRE !

ALORS MAINTENANT, FUYONS !

NOUS AVONS UN SERVICE À TE DEMANDER, ROMAIN !

31 A

NOUS DEVONS ALLER À CONDATE ! PEUX-TU NOUS PRÊTER TON CHARIOT AFIN D'Y ARRIVER PLUS RAPIDEMENT ?

BEN... HEU !... C'EST QUE...

JE DEMANDAIS JUSTEMENT À CARTAPUS DE ME RAMENER CHEZ MOI À CONDATE ! NOUS FERONS ROUTE ENSEMBLE !

JE VAIS ATTELER LES CHEVAUX !

JE ME RÉJOUIS DE CETTE NOUVELLE DÉCISION FALBALA !

MAIS, IL N'Y A PAS SI LONGTEMPS, ELLE DISAIT QUE...

EH OUI, OBÉLIX ! SOUVENT FEMME VARIE !

PLUS TARD, SUR LA ROUTE DE CONDATE...

ENFIN ! ÉTAIT-IL NÉCESSAIRE DE S'ENCOMBRER D'UN MENHIR ?

BEN QUOI ? J'AI BIEN LE DROIT D'OFFRIR UN CADEAU À MON PAPA !

TU N'AS PAS L'AIR D'ÊTRE EN FORME, MON BRAVE OBÉLIX ?!

JE SUIS TRISTE ! J'AI PERDU MON IDÉFIX !

31 B

35

DANS UNE DES NOMBREUSES GARNISONS ROMAINES QUI OCCUPENT LE SOL ARMORICAIN...

CENTURION GAROTIPHUS! ORDRE EST DONNÉ D'ENQUÊTER DANS TOUT LE SECTEUR, AFIN D'IDENTIFIER ET DE CONFONDRE LES LÉGIONS À LA SOLDE DE POMPÉE!

S'ILS N'ONT PAS DE SIGNES EXTÉRIEURS DISTINCTIFS, ÇA NE SERA PAS FACILE, MON GÉNÉRAL!

JE NE VEUX PAS LE SAVOIR!!! EXÉCUTION!!!

?!

DÉCURION MOTUSSÉBOUCHECOUSUS! TOI ET TES HOMMES, VOUS ALLEZ ME BALAYER TOUT LE SECTEUR! IL Y A, PARAÎT-IL, DES POMPÉIENS QUI SONT LÉGION PAR ICI!

À VOS ORDRES, MON CENTURION! MAIS EXCUSEZ SI J'VOUS D'MANDE PARDON, COMMENT QUE J'VAIS R'CONNAÎTRE UN POMPARIEN, MOI?

JE NE VEUX PAS L'SAVOIR! EXÉCUTION!

POP!

COMPRIS, BANDE DE TIRE-AU-FLANC? ON RATISSE LE SECTEUR, ON BALAYE TOUS LES POMPARIENS QU'ON RENCONTRE ET ON RENTRE AU RAPPORT! DES QUESTIONS?

J'VEUX PAS L'SAVOIR! EXÉCUTION!!!

?! ?! ?! ?! ?! ?! ?! ?!

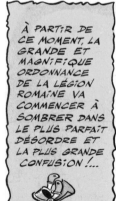

À PARTIR DE CE MOMENT, LA GRANDE ET MAGNIFIQUE ORDONNANCE DE LA LÉGION ROMAINE VA COMMENCER À SOMBRER DANS LE PLUS PARFAIT DÉSORDRE ET LA PLUS GRANDE CONFUSION!...

HALTE-LÀ! C'EST VOUS LES LÉGIONNAIRES POMPARIENS QU'ON DOIT RAMASSER?

C'EST TOI QUI VAS T'EN RAMASSER UNE, HÉ! PATATE!!!

?!

HOÉÉÉÉ! NOUS SOMMES SURPRIS MAIS HEUREUX DE TE RETROUVER ENFIN, TRAGICOMIX!

MOI AUSSI, ASTÉRIX! TU VAS PEUT-ÊTRE M'AIDER À ÉCLAIRCIR CERTAINES CHOSES!

SAVEZ-VOUS POURQUOI CETTE COMÉDIENNE A JOUÉ LE RÔLE DE FALBALA?

?!?

MAINTENANT, JE COMPRENDS L'ÉTRANGE COMPORTEMENT DU PERSONNAGE!

MAIS ALORS... **CE N'ÉTAIT PAS LA VRAIE FALBALA!**

LA VRAIE FALBALA EST TOUJOURS LÀ, MON BRAVE OBÉLIX!

OH! PARDONNE-MOI, ASTÉRIX! MOI QUI CROYAIS QUE...

LE ROMAIN! IL S'ENFUIT!

NON, OBÉLIX! NE FAIS PAS ÇA!!!

TIENS, J'VAIS M'GÊNER!

BONG!

ÇA VA, ROMAIN?

VOUI!

LE PRÉFET DE CONDATE M'AVAIT CHARGÉE DE RAMENER LES ARMES DE POMPÉE! MON RÔLE S'ACHÈVE ICI, JE VOUS LES RESTITUE!... MALHEUREUSEMENT, LE MENHIR DANS LE CHARIOT...

CES ARMES DOIVENT AVOIR UN LIEN AVEC L'EMPRISONNEMENT DE VOS PÈRES PAR LE PRÉFET, ASTÉRIX!!!

!

IL FAUT VITE ALLER À CONDATE, OBÉLIX!

?!

VOUI!

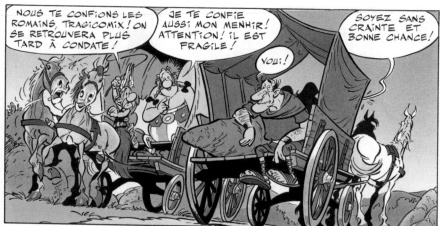

NOUS TE CONFIONS LES ROMAINS, TRAGICOMIX! ON SE RETROUVERA PLUS TARD À CONDATE!

JE TE CONFIE AUSSI MON MENHIR! ATTENTION! IL EST FRAGILE!

SOYEZ SANS CRAINTE ET BONNE CHANCE!

VOUI!

ET DIRE QUE NOUS SUPPOSIONS NOS PÈRES EN TRAIN DE FESTOYER ALORS QU'ILS SONT AU PAIN SEC ET À L'EAU!

MAIS, DIS-MOI, C'EST QUOI CETTE HISTOIRE DU CASQUE ET DU GLAIVE QUI AURAIENT ÉTÉ POMPÉS PAR LE PRÉFET CONTRE CÉSAR?

IL FUT UN TEMPS OÙ ROME ÉTAIT GOUVERNÉE PAR UN *TRIUMVIRAT*, C'EST-À-DIRE PAR TROIS CONSULS : CÉSAR, POMPÉE ET CRASSUS. APRÈS LA MORT DE CE DERNIER, CÉSAR A ÉVINCÉ POMPÉE DE LA CHARGE QU'IL OCCUPAIT, AFIN DE DEVENIR DICTATEUR, ET POMPÉE, DE CE FAIT, EST DEVENU SON PIRE ENNEMI. IL EST FACILE DE PENSER QU'IL ESSAIE DE LEVER UNE ARMÉE EN GAULE CONTRE CÉSAR, CE QUI EXPLIQUERAIT UNE CERTAINE CONFUSION DANS LA LÉGION ROMAINE. TU AS COMPRIS?

NON!...

...MAIS CE QUE J'AI COMPRIS... *C'EST QU'ILS SONT FOUS, CES ROMAINS!*

TOC! TOC! TOC!

38A

BAH! LAISSONS LES ROMAINS RÉGLER LEURS AFFAIRES ENTRE EUX! CELA NE NOUS CONCERNE PAS, OBÉLIX!

N'EMPÊCHE! PFFFF! QUEL GÂCHIS!

PAF! BING! TCHÂC! PIF!

CONDATE

38B

ENFIN, À CONDATE...

?!

IL EST INTERDIT DE STATIONNER DEVANT LA PRÉFECTURE!

OBÉLIX, VEUX-TU DIRE GENTIMENT AU ROMAIN QUE NOUS N'EN AVONS PAS POUR LONGTEMPS?

MAIS, BIEN SÛR!

S'IL VOUS PLAÎT!

PAF!

ALERTE!!! À LA GARDE!

À LA BONNE HEURE! ENFIN QUELQU'UN DE COMPRÉHENSIF!

GLOP! GLOP! GLOP!

39 A

C'EST FOU CE QUE JE ME SENS GENTIL, MOI, EN CE MOMENT!

PATCHAC!

TCHRAAC!

IL EST TEMPS DE QUITTER LA PLACE ET DE REJOINDRE POMPÉE!

BING! PAF! PIF! BONG!

AURIEZ-VOUS L'AMABILITÉ DE M'INDIQUER OÙ SE TROUVENT LES DEUX COMMERÇANTS GAULOIS PRISONNIERS DU PRÉFET?

A... AVEC PLAISIR!... DANS LES FOU-FOLS, FELLULE X!

TU AS RAISON, ASTÉRIX! UN PEU DE CORRECTION, ÇA NE FAIT DE MAL À PERSONNE!

DES GAULOIS QUI NE SONT PAS PRISONNIERS DANS MA PRISON?!? QUIS, QUID, UBI, QUIBUS AUXILIIS, CUR, QUOMODO QUANDO???

39 B

ON NE FAIT QUE PASSER!

ASTÉRIX, OBÉLIX! ENFIN!!!

PAPA!

TU SAIS, JE COMMENÇAIS À ME FAIRE VIEUX, ICI, FISTON!

MON LOUPIOT! COMME ÇA FAIT DU BIEN DE TE REVOIR!!

COMMENT VA TA MÈRE?

ELLE VA TRÈS BIEN! SON SEUL SOUCI, C'EST DE VOULOIR ME MARIER!

ET À PART ÇA, QUOI DE NEUF?

!

ALORS, BONUSMALUS? LES RATS QUITTENT LE NAVIRE?

ALORS, PRÉFET? TU NOUS QUITTES SANS FAIRE TES ADIEUX?!

ON T'AVAIT POURTANT DIT QUE TU ENTENDRAIS PARLER DE NOS FILS!

!

ARRÊTEZ-MOI CE TRAÎTRE!

CE SONT EUX, LES TRAÎTRES! ILS ONT LES ARMES DE POMPÉE!

JE CROIS QUE NOUS ALLONS DEVOIR ÊTRE ENCORE EXTRÊMEMENT GENTILS, OBÉLIX!

BEN MOI, JE NE REGRETTE PAS D'ÊTRE VENU À CONDATE!

JE LE SAIS, MAIS CEPENDANT, PEUX-TU ME DIRE SI TU AS VU OU RENCONTRÉ POMPÉE ET LE TRAÎTRE BONUSMALUS ?!

CERTAINEMENT !

J'AI RENCONTRÉ BONUSMALUS, QUI LUI-MÊME VIENT DE RENCONTRER PAS MAL DE LÉGIONNAIRES ! QUANT À POMPÉE...

N'EST-CE PAS CELUI-CI QUE TU RECHERCHES, CÉSAR ?

J'AI CROISÉ SUR MA ROUTE CE FUYARD QUI SEMBLAIT PRESSÉ DE QUITTER CONDATE !

PUISQU'ILS VEULENT CHANGER D'AIR, JE VAIS LES FAIRE ESCORTER JUSQU'AUX DÉSERTS D'AFRIQUE. ÇA LEUR RAFRAÎCHIRA LES IDÉES !

42ᴬ

AUSSI, IL NE SERA PAS DIT QUE CÉSAR EST UN INGRAT ! GAULOIS, VOUS MÉRITEZ LE TROPHÉE QUE JE VAIS VOUS OFFRIR !...

C'EST UN **MOI D'OR !**

C'EST QUOI UN MOÏDOR ?

IL VEUT SANS DOUTE PARLER D'UN TROPHÉE EN OR À SON EFFIGIE !

NOUS TE REMERCIONS, JULES ! MAIS LA PERSONNE QUI MÉRITE DAVANTAGE CE TROPHÉE...

?!?

...C'EST LA GRANDE TRAGÉDIENNE LATRAVIATA, POUR LE TALENT QU'ELLE NOUS A MONTRÉ !

DONNER UN CÉSAR À UNE TRAGÉDIENNE ? MAIS C'EST ABSURDE !

42ᴮ

PLUS TARD...

IL Y AURA BEAUCOUP À FAIRE POUR REMETTRE DE L'ORDRE DANS TOUT ÇA!

BAH! NOUS ALLONS TOUS NOUS Y METTRE! CE SERA VITE FAIT!

JE VOUS DEMANDE PARDON D'AVOIR DÛ PARTICIPER À...

ON NE VOUS EN VEUT PAS...

D'AILLEURS, NOUS ALLONS VOUS OFFRIR...

?!

...QUELQUE CHOSE...

...QUI VOUS IRA À RAVIR!

UNE ROMAINE NOUS A LAISSÉ CETTE ROBE, APRÈS AVOIR PERDU JUSQU'À SES COTHURNES DANS UN CERCLE DE JEUX!

ET ENCORE UN PEU PLUS TARD...

CLAP! CLAP.

CLAP! CLAP.

CLAP! CLAP.! CLAP! CLAP.! CLAP! CLAP.! CLAP.!

JE N'OUBLIERAI JAMAIS LA GÉNÉROSITÉ DE CEUX QU'ON APPELLE INJUSTEMENT LES BARBARES!

JE VAIS DEVOIR VOUS QUITTER! JE VAIS REJOINDRE ROME AVEC L'AIDE DE CARTAPUS!

VOUI!

IL M'A TOUT L'AIR D'AVOIR REÇU UN MENHIR SUR LA TÊTE, LUI!

BOF! CE N'ÉTAIT QU'UN TOUT PETIT MENHIR!

MERCI ASTÉRIX! GRÂCE À TOI, CE CÉSAR D'OR VA M'OUVRIR TOUTES LES PORTES DES THÉÂTRES DE ROME!

OH!... C'EST SI PEU DE CHOSE!

POUT!

48

AVEZ-VOUS TOUT LU ?

ÉGALEMENT ÉDITÉES PAR HACHETTE

LES AVENTURES D'ASTÉRIX LE GAULOIS

ALBUM DE FILM

LES DOUZE TRAVAUX D'ASTÉRIX

DES MÊMES AUTEURS AUX ÉDITIONS ALBERT RENÉ

LES AVENTURES D'OUMPAH-PAH LE PEAU-ROUGE

OUMPAH-PAH LE PEAU-ROUGE
OUMPAH-PAH SUR LE SENTIER DE LA GUERRE / OUMPAH-PAH ET LES PIRATES
OUMPAH-PAH ET LA MISSION SECRÈTE / OUMPAH-PAH CONTRE FOIE-MALADE

LES AVENTURES DE JEHAN PISTOLET

JEHAN PISTOLET, CORSAIRE PRODIGIEUX
JEHAN PISTOLET, CORSAIRE DU ROY
JEHAN PISTOLET ET L'ESPION

À PARAÎTRE :

JEHAN PISTOLET, EN AMÉRIQUE / JEHAN PISTOLET ET LE SAVANT FOU

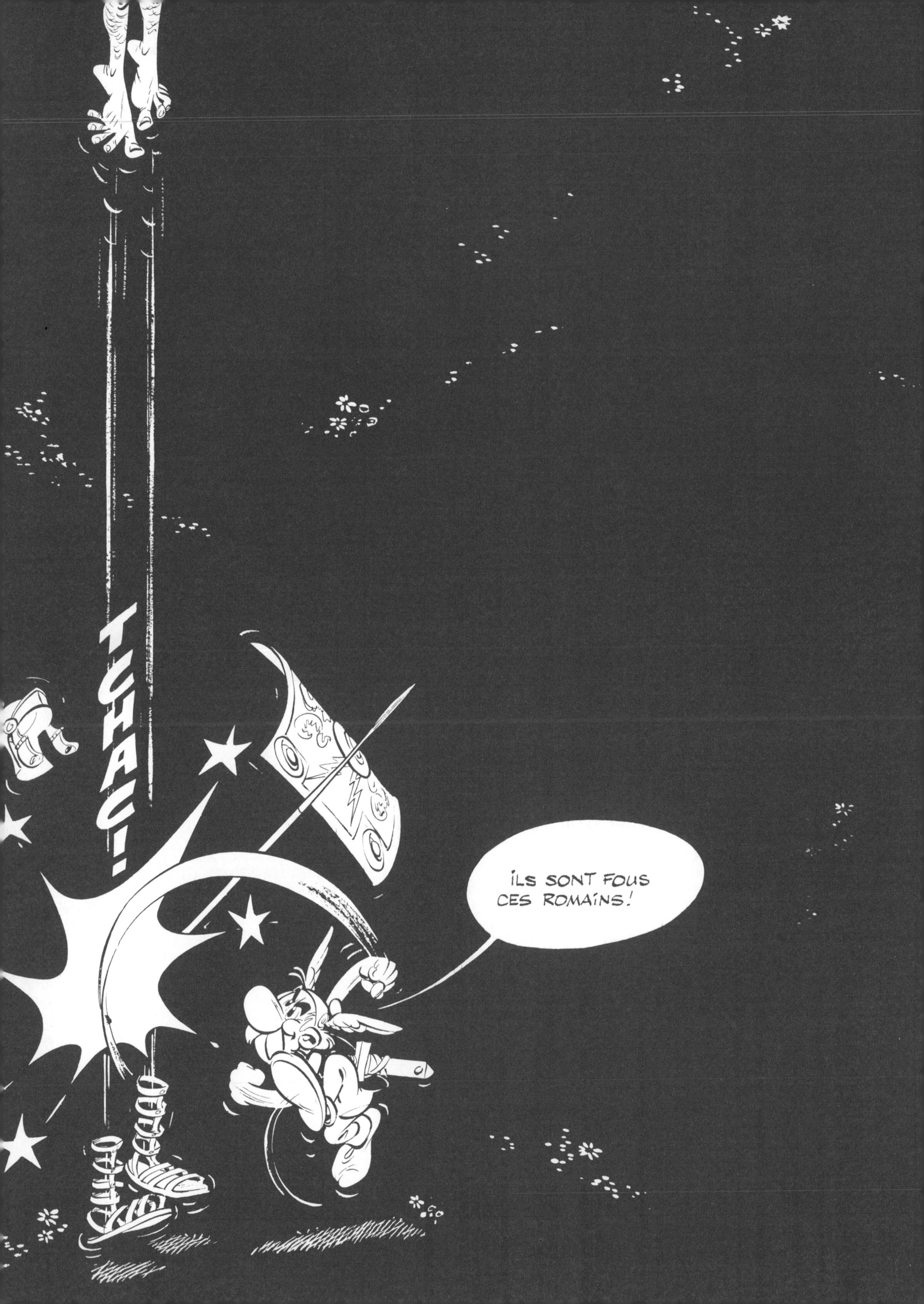
TCHAC!
ILS SONT FOUS CES ROMAINS!